효산선원

수행 지침서

글 _ 효산 스님

클리어마인드
CLEARMIND

불교는 사람을 가르친다는 말이다

석가모니 부처님이 49년 동안 열반에 드시기 전 까지의 가르침을 요약하면 우주와 허공계에서 사람만이 가지고 있는 특권 3가지를 가르치셨다.

첫 번째는 사람은 기본적으로 생각을 내는 즉시 100% 되도록 눈 깜짝할 시간에 되도록 되어있다.

두 번째는 허공계가 다하도록 어려움은 일체 없도록 되어있다.

세 번째는 특별히 내 일은 다하고 남을 위해서 5가지를 중생계가 다 할 때 까지 끝없이 도와주며 지도하고 이끌어 줄 수 있다.

또 한 가지 사람은 근본적으로 되어있기를 생각 내어 모든 일을 하면 99% 안 되는 일이 정해져 있고 또 한 길은 생각내면 시간이 약간 걸려도 100% 되도록 그 길이 정해져 있다.

99% 안 되는 길은 왜 안 되느냐?

생각 내고 의욕만 가지고 죽자고 매달렸기 때문에 그 일은 99% 될 수 가 없다.

또 한 길은 생각 내서 100% 되는 길은 생각을 내고 방법이 가장 정확하고 진행과정이 아주 정확해서 그 때 죽을 힘을 다해서 노력하면 그 길은 백만사가 100% 되도록 근본적으로 되어 있다.

사람은 내 것 3가지를 알고 써야 한다.

첫 번째는 말의 기본 2가지를 정확하게 알고 써야 하고 그러면 어려움이 천배는 줄어들고 좋은 것은 천배나 당겨서 사용할 수 있다.

두 번째 몸의 기본 3가지를 알고 쓰면 어려움은 99% 줄이고 좋은 것을 99% 당겨서 마음대로 사용할 수 있다.

세 번째는 내 것 마음의 3가지를 기필코 알고 찾아내

어 써야 한다. 마음의 기본 3가지를 알고 찾아 내어 쓰면 우주와 허공계 일체에서 생각내면 눈 깜짝할 시간에 100% 될 것이며 어려움은 영원히 없고 다른 사람에게 5가지를 끝 없이 도와 줄 수 있고 이끌어 줄 수 있다. 그때부터 사람의 특권 3가지를 마음대로 사용할 수 있다.

이 책을 보고 착오 없기를 바랍니다.

불기 2552년 3월 좋은날

효산 씀

1장 말의 원리

말의 원리 2가지를 알고 쓰면 어려움은 천 배나 줄이고

좋은 것은 천 배나 마음대로 쓸 수 있다.

사람이 있고나서 필요한 것을 알아야 한다

말의 원리

① 말은 누가 만들었나?
사람이 만들었다.

② 왜 만들었나?
사람을 위해서, 편리하게 사용하기 위해서 사람이 만들었다.

③ 무엇이 만들었나?
마음이 움직여서 입으로 만들었다.

④ 무엇을 근거로 만들었나?
보이는 세계 몸을 기준해서 만들었고, 마음을 기준해서 보이지 않는 세계를 표현했다.

첫째는 호흡하는 세계와 둘째, 물질계와 셋째, 말 (言語 : 언어)의 원리로 구성된다.

말은 다른 동물과 구별해 주는 중요한 특징 가운데 하나이며 말은 생각이나 느낌을 음성 또는 문자로 전달하는 수단이며 체계이다.

말은 인간과 인간 상호간에 의사를 전달하는 기호 체계라 할 수 있다.

그래서 내 생각을 남에게 전하기 위해 말을 하게 된다.

말 할 권한은 말하는 사람에게 보유되어 있으며 어느 누구도 강요할 수 없다.

말을 듣는 사람은 남의 뜻을 받아들이기 위해 듣는다.

하지만 듣는 사람에게는 받아들일 수도 있고 받아들이지 않을 수도 있는 권한이 있기 때문에 그래서 말은 누구에게도 강요할 수는 없다.

말은 크게 두 종류로 나뉜다.

첫째는 물질계(物質界)의 언어로서, 보고 잡을 수 있는 물체에 붙인 말이고 둘째는 무형계(無形界)의 언어로서, 보고 잡을 수 없는 것에 만들어 놓은 말이다.

물질계의 언어

보고 잡을 수 있는 물질계의 언어는 헤아릴 수 없이 많다. 예를 들면 땅, 나무, 돌, 동물, 달, 지구 등으로 그 형상에 이름 붙인 것들이다.

무형계의 언어

보고 잡을 수 없는 무형계의 언어 또한 셀 수 없이 많다. 예를 들면 마음, 심성, 신경, 얼, 바람, 허공, 공기, 전파 등으로 또한 불교에서 말하는 불성(佛性), 본성(本性), 묘진여성(妙眞如性), 여래장(如來藏) 등이 있고 세상에서 말하는 하느님, 조물주, 절대신, 정방신, 여호와 등등 이런 것들은 볼 수 없는 무형의 명칭으로 비록 눈에는 보이지 않지만 말로써 그 존재를 알리는 것이다.

무형계의 말을 다 표현하려면 물질계의 말과는 비

교할 수 없도록 많다.

그럼 이 말들은 누가 다 만들었는가?

사람이 사람 자신을 위해 편의상 만들어 놓은 것이며 생각에서 비롯된 것을 입으로 옮겨 놓은 것이다.

하지만 사람이 말은 얼마든지 만들 수 있지만 그말만으로는 일체 허공계에 존재하는 모든 생명체를잘살고 못살고 병들고 건강하게 해 줄 수는 없다.

특히 대략 400여종 되는 종교에 대한 폐해(弊害)가 너무나 깊고 크다.

예를 들면 절대자(絶對者)를 두고 각 종교에서는제각기 부르는 호칭이 다르다.

사람들은 이러한 제각기 다른 칭호에 목숨을 걸고

울부짖으며 기도를 한다.

과연 그 말이 옳은가. 하느님, 조물주, 절대신, 여호와 등의 말들은 누가 만든 것인가.

사람이 사람을 위해서 편의상 사람의 의지대로 말로 형상화한 것이다.

사람은 스스로 만든 말에 빠져 그것을 더욱 더 형상화(形象化)시키고 구체화(具體化)시켜서 종내는 그 말에서 벗어나지 못하는 어리석음을 범하고 있다.

말이란 의사소통에 중점을 두어야지 낱말 자체에 의미를 두고 감정이 실리면 말의 본뜻은 사라지고 수많은 오해만 만들어 낸다.

이처럼 말의 원리를 안다면 누가 그런 말에 속아 시간을 낭비하고 자기 건강도 버릴 수 있겠는가.

이건 다 말의 원리를 몰라서 크게 어려움을 당하는 것이다.

만약 말의 원리를 안다면 400여종이나 되는 종교에 현혹(眩惑)되어 속을 사람이 어디 있겠는가.

말의 원리를 안다면 어느 누가 사기를 당할 것인가.

돈을 적게 들이고 이익을 크게 볼 수 있다고 유혹해도 거기에 현혹되어 피해를 볼 사람이 있을 수 없다.

왜냐하면 자기일은 자기만이 할 수 있지 남이 대신해 줄 수 없는 것을 알고 있기 때문에 거기에 속을 일은 절대로 없다.

그러나 사실은 사기를 치는 사람보다 사기를 당하는 사람이 훨씬 더 나쁜 사람이다.

그 이유는 자신의 돈은 조금 들이고 남을 이용해서 횡재하려고 큰 흑심을 가지고 있기 때문이다.

그래서 사기를 친 사람보다 사기를 당한 사람이 훨씬 더 나쁜 것이다.

말의 원리를 알면 어떤 사람이 아주 좋은 말로 칭찬을 하고 나를 추겨 세워도 그저 미소만 띄울 뿐 거기에 현혹되어 같이 술을 마시고 실수를 하거나 몸에 큰 피해가 오도록 할 일은 없다.

또 어떤 사람이 악담(惡談)을 하고 나를 모략(謀略)할지라도 말의 원리를 안다면 미소를 띠고 그 자리를 빨리 피해버릴지언정 상대방과 괜히 서로 나쁜 소리나 비난을 주고받으며 싸워 아주 큰 피해를 보는 일은 하지도 않을 것이다.

만약 내게 그러한 일이 닥쳤을 때는 과거 많은 생으로부터 살아오면서 그 사람과의 맺은 인연이 혹

악연으로 인해 다시 말하면 그만큼 그에게 나쁘게 한 일이 있었기 때문에 이제 그 시간이 닥쳐 내가 보복을 당하는구나 라고 알고 있기 때문이다.

이럴 때는 그 자리를 피해버리면 그 일은 두 번 다시는 오지를 않는다.

만약 그것을 모르고 화가 나서 싸움을 한다면 싸움으로 오는 피해가 얼마나 큰지 알 수 없기 때문에 크게는 살인도 날 수 있고 병신도 되며 평생 골병이 들 수도 있다.

그래서 말의 원리를 알고 그때그때 택할 건 택하고 버릴 건 버리고 피할 건 피하면 열 번 어려움이 올 것을 한번으로 줄일 수도 있다.

만약 말의 원리를 모르고 살아간다면 어려움이 닥쳤을 때 해결하기는커녕 더한 어려움을 만들 수도 있다.

지금부터라도 효과적인 말의 사용법을 알아야
한다.

다른 사람에게 생명을 주는 말, 덕을 세우는 말을
해야 한다.

그리하면 지은 업도 갚을 뿐더러 다음 생에 몸 받
아가도 화(禍)는 없으리라.

2장 몸의 세계

몸의 기본 3가지를 알고 쓰면 99% 어려움은 없고
99%로 좋은 것을 마음대로 사용할 수 있다.

사람 자체를 알아야 한다

몸의 세계

몸의 구조 두 가지

몸이란 첫째 뇌(腦)와 머리끝부터 발가락 끝까지 뼈와 살로 이어져 구성이 된다.

다음 심장, 폐, 위장, 대장, 소장 등 오장육부(五臟六腑)가 분야 분야별로 자리를 잡아 이루어진다.

또 힘줄이 엮여 마음대로 동작(動作)을 할 수 있도록 이루어지고 핏줄이 연결되어 세포가 변치 않도록 계속 모자란 것은 공급하고 남는 것은 회수하며 쉴 새 없이 돌아간다.

그래서 이 몸은 너무나 정교(精巧)하고 묘(妙)하여 조금이라도 어느 분야가 못 쓰게 되면 한 부분이 못 쓰게 되며 이렇게 아주 정밀하게 이루어져 있는 물질(物質)이 곧 사람의 몸이다.

둘째, 이러한 정교한 몸을 움직이는 데는 보이지 않는 힘이 있다.

그 힘은 보이지 않는 것인데 그 정밀한 몸을 움직이는 힘은 단전(丹田)으로부터 시작하여 머리끝 정수리에서 신체의 가장 작은 모공, 콧구멍, 입, 양미, 꼬리뼈, 손바닥, 장심(掌心) 등 발바닥 용천혈(湧泉穴)까지 전신(全身)을 돌린다.

흔히 숨골이라고도 하고 백회(百會)라고도 하며 이 모든 것을 움직이는 보이지 않는 힘을 마음이라 한다.

몸의 관리법 여섯 가지

내 몸은 누가 관리를 하나. 다른 사람은 할 수 없지 않느냐. 내 몸은 내가 관리해야지 누구에게 맡길 것인가.

내 몸 관리하는 방법 여섯 가지만 안다면 이 세상에 어려움은 하나도 없을 터인데 어찌하여 아무렇게나 써놓고 엄청난 어려움을 당해야만 하는가.

사람으로 태어났으면 몸과 마음을 알아서 써야 되거늘 몇 십 년이 지나도록 생각도 안 했다는 것은 그이상 부끄러울 일은 이 세상에 없다.

성내고 짜증내고 고민하지 말라.

성내고 짜증내고 고민하는 것은 자살행위이지 삶을 영위하는 데에는 전혀 도움이 되지 않는다. 그러면 어째서 이러한가.

그것은 집착에서 비롯된 것으로 바라는 바가 되지 않았기 때문이다.

하여 이러한 일이 일어날 때는 어느 누구에게도 알리지 말고 내 마음부터 가라앉혀야 한다.

내가 어려움에 처했을 때 남이 알게 되면 될 일도 되지 않는다. 남이 알게 되면 나의 어려움을 외면해 버린다.

가족 또한 알게 되면 낙망 끝에 혼란만 가중(加重)되어 원만하게 일을 처리할 수가 없다.

이러한 경우의 해결책은 불안한 마음, 당황하는 마음들을 한 시간 남짓 고요한 상태로 유지한 다음 일처리에 대한 것을 곰곰이 생각해 본다.

처음엔 그 일을 가볍게 생각하면서 연구를 하고 두 번째는 조금 힘든 방법을 택한다.

쉽게 생각하면 이런 결론에 도달하는데 그러면 결과가 어떻게 나올 것인지 분석해보고 다음엔 조금 세부적으로 들어가 어찌하여 성사가 되지 않았는가? 하고 생각해본다.

세 번째 그래도 안 될 때는 죽기 아니면 살기로 작정하고 해결하려 들면 안 되는 것이 없다.

마음을 가라앉혀 조용한 마음으로 일처리를 생각해야지 당황하고 성낸 마음으로 일처리를 하다보면 남는 것은 실패밖에 없다.

처음에 가벼운 상태로 처리하려 했지만 그게 안 되어도 실망할 필요는 없다. 또 생각을 하고 또 해두었으니까.

다시 마음을 재정리하여 힘을 들여 처리하는 방법으로 부딪쳐 본다.

그때 된다면 '내가 이만한 정도면 되는 걸. 내가 뭘 걱정했나.' 하고 웃으며 돌아 나오면 된다.

만약 그것도 안 되면 그땐 그럴 줄 알았다고 단념하고 이젠 죽을 힘을 다해 처리할 방법을 생각해 두었으니까 마지막 카드를 쓴다면 이 세상에 안 될 일은 하나도 없다.

노력을 바르게 하고 방법만 제대로 쓴다면 모두가 다 되도록 되어있는 게 사람살이의 기본이다.

그러니 내 몸을 알고 쓰고 몸 구조를 알고 몸 관리하는 방법과 다음 생에 몸 만들어놓고 옮겨가는 방법만 안다면 무엇이 답답하랴.

그래서 어려움을 모두 없애버리고 자기 스스로의 마음을 찾아내어 이 넓은 우주(宇宙)와 허공계(虛空界)를 마음대로 한다면 무엇이 두렵고 무엇이 답답할 게 있으랴.

먹어야 사는데 많이 먹지 말라.

　사람의 몸은 과도한 영양소(營養素)를 흡수하거나 신체에 이롭지 못한 음식을 먹으면 한 두 번은 견디나 결국은 고장나고 만다.

　특히 먹는 음식 중 마약, 술, 담배는 사약과 같아 절대로 먹어서는 안 된다.

　가족을 사랑한다고 하면서 이러한 행위를 하는 것은 자신에게나 가족에게나 모두에게 거짓말을 하는 것이다.

　이러한 음식들은 수명(壽命)과 직결되어 결국은 명(命)을 재촉하게 되는데 먹어서는 안 되는 음식을 먹으면서 말로만 가족을 사랑한다는 것은 말과 행동이 전혀 맞지 않기 때문에 완전한 거짓말이 되는 것이다.

　다시 말하면, 얼마나 가족들이 보기 싫고 철천지

원수지간이기에 수명을 단축하는 일만 가려서 하는
가. 참으로 깊이 생각해 볼 일이다.

일을 함에 있어서 무리하게 하지 말라.

몸은 정밀한 기계(機械)와 같아 지나치게 사용하
면 망가지게 된다.

특히 과도한 성생활(性生活)이나 음란(淫亂)한 성
생활은 절대로 해서는 안 된다.

정액(精液)은 혈액(血液)보다 훨씬 중요하며 정액
을 많이 소모(消耗)하면 바로 수명이 단축된다.

일한 이후에는 반드시 휴식을 취하라.

일하는 것과 쉬는 것은 얼핏 생각하기에는 아무것
도 아닌 것처럼 생각되지만 일없는 휴식(休息)은 보
람이 있을 수 없고 휴식 없는 일 또한 자신을 학대
(虐待)하는 어리석음의 소치다..

흔히 뼈 빠지게 일했지만 남은 것은 없다는 말은 결국 욕심에서 비롯된 결과이며 '사람이 천하를 얻고도 건강을 해치면 무엇 하나.' 라고 하는 게 바로 이에 해당하는 답이다.

일이 없어 쉬는 것과 일하고 난 다음에 쉬는 것은 신체적으로나 정신적으로나 엄청난 차이가 있다.

다시 말하자면 우리의 몸은 고도(高度)의 정밀(精密)한 기계와 같아 적당한 가동시간과 적당한 휴식시간이 교차되어야만 정상적인 작동을 할 수 있다.

건강한 몸에 건강한 생각이 깃든다는 것을 명심해야 한다.

사람의 병은 세 가지에서 연유한다.

첫째는 몸에서 난 병이고 둘째는 신(神)의 세계에서 나는 병이며 셋째는 전생죄업(前生罪業)에서 기인(起因)한 것이다.

이러한 병은 증세가 제각기 달라서 적절히 대처하지 않으면 해결이 어렵다.

첫째, 몸에서 난 병은 진찰(診察)을 받아 치료하면 나을 수 있다.

하지만 진찰도 한두 군데에 가면 오진(誤診)이 있을 수 있으니까 서너 군데에서 진찰을 받으면 정확한 진단이 나온다.

둘째, 귀신(鬼神)으로 인(因)해 생긴 병은 진찰을 해도 병명이 나오지 않으며 몸에 열이 나고 한기(寒氣)도 들며 꿈자리도 뒤숭숭하고 갑자기 아파 몸져누웠다가도 언제 그랬냐는 듯이 툴툴 털고 일어난다.

이러한 증세는 귀신들린 것으로 무당을 불러 푸닥거리를 하면 호전될 수 있지만 이것은 무당이 믿는 또 하나의 귀신을 불러 귀신이 귀신을 쫓는 일이라

바람직하지 않다.

제대로 신심을 가진 사람은 지극정성(至極精誠)으로 기도를 올리거나 아니면 구병시식(救病施食)을 해야 한다.

셋째, 전생죄업으로 기인한 병은 아프기는 하지만 병명이 나오지 않고 귀신들린 증세와 같은 것은 없지만 꾸준히 아프다.

이 병을 치료하는 법은 전생죄업을 다 받든가 아니면 기도를 해서 가피(加被)를 받아야 한다.

이 모든 것의 가장 수승한 치료법은 기도의 가피뿐이다.

이 기도는 진정 목숨을 걸고 하면 전 우주와 허공계에 가득 찬 불보살의 가피(加被)로 찰나(刹那)에 다 나아버린다.

원인은 불·보살은 우주 안에 꽉 차 있는 원소를 눈 깜짝할 사이에 사용하기 때문에 바로 나을 수 있는 것이다.

찰나에 낫지 않으면 그 기도는 헛된 것이고 거짓이다.

일체 어려움을 다 막아버리고 좋은 일로 다 돌릴 수 있다.

사람과 사람 사이에서 오는 어려움은 반드시 전생 인(因)과 현생 연(緣)이 닿은 것으로 쉽게 물리칠 수는 없지만 그 어려움을 참고 견디다 도저히 안 될 때는 그 자리를 피해야만 한다.

그렇지 않으면 그 고통으로 또 다시 다툼이 생겨 업(業)을 짓는 수가 있다.

그럴 바에는 그 상태에서 멈추는 게 가장 현명한 방법이다.

그리고 보이지 않는데서 오는 사업(事業)이나 진급(進級), 시험(試驗) 등으로 오는 어려움은 참고 견딘다고 다 해결 되는 것은 아니다.

이러한 금생(今生)에 생기는 어려움을 피할 길은 없으나 차단(遮斷)하는 방법은 오로지 기도뿐이다.

기도로 이룰 수 있는 것은 네 가지가 있다.

첫째는 재산을 노력과 지은 복보다 훨씬 많이 얻을 수 있고 둘째는 진급이나 시험의 결과가 잘 될 수 있고 셋째는 몸에서 나는 세 가지의 병으로부터 해방될 수 있으며 넷째는 젊은 시절에 죽을 사람이 칠팔순을 넘기며 충분히 살 수 있다.

그러면 이러한 기도의 징표는 꿈에서 어떻게 나타나는가.

재산을 얻을 때는 쌀이나 소금, 열쇠 등을 얻으며

진급이나 시험의 결과는 서류를 받는다.

또 병이 나을 때는 침을 놓든지 약을 주든지 하여 즉각 낫는다.

수명이 연장될 때는 내 목을 떼어버리고 다른 목을 이어준다.

이와 같이 일체 남에게 구걸하지 않고도 자기 몸을 알아서 쓰고 마음을 찾아내어 가지고 있는 힘을 다 쓸 때는 전 우주와 일체 허공계를 찰나에 마음대로 다 쓸 수 있다.

다음 생에 몸을 만들어 놓고 이 몸을
사용할 수 없을 때 옮겨가는 법 세 가지

원력을 세워야 한다.

다음 생에는 꼭 남자의 몸으로 태어나기를 원력으로 세우고 체중과 키가 적당하기를 바라며 평생에 단 한 번도 병원에 가지 않는 건강한 몸으로 태어날 수 있도록 원력을 세워야 한다.

이 말은 남녀 간의 차별을 두고 하는 말이 아니라 남녀 간의 신체적인 구조가 안고 있는 문제로 여자의 고통은 남자의 비할 바가 아니다.

복이 많아야 한다.

가장 적은 복은 남의 말을 좋게 하고 작은 일부터 거들어 주는데서 복이 시작된다.

가장 큰 복은 우주가 돌아가는 원리에 따라 가장

큰 일을 했을 때 가장 큰 복이 된다.

그러나 아무리 원을 세워도 사람자체가 죄를 지으면 지옥에 떨어지고 복을 지으면 천상에 태어나는 것이 근본이며 저울로 달자면 무거운 쪽이 내려가는 것과도 같은 이치이다.

복이 많으면 공중에 떠서 올라가고 죄가 크면 내려 박혀 동물계로 해서 무간지옥(無間地獄)으로 떨어지는데 동물계는 모두 다 지옥이다.

아무리 원을 세워도 복이 죄보다는 조금이라도 많아야지 죄보다 복이 작아서는 그 원은 실패작이다.

재료도 없고 기술진도 없다면 아무리 설계를 잘해도 그 건물은 실패작이 될 수밖에 없듯이 만약 복이 넉넉하다면 모든 것은 마음대로 되게 되어 있다.

기필코 죄보다는 복이 많아야 하고 더욱이 큰 죄

는 짓지 말아야 하며 어떤 일이 있어도 큰 죄는 피해가야 한다.

하지만 먼지가 쌓여 올라가듯이 짓는 죄는 피할 길이 없기 때문에 복을 더 지어야 한다.

원력(願力), 복(福), 죄(罪) 이 세 가지를 알아야 한다.

오늘날 선방(禪房)의 스님들에게 대중공양(大衆供養)을 올리는 것은 가장 크고 좋은 복을 짓기 위함이다.

그러면 그 복은 무엇인가.

한 가정의 가장(家長)은 가족이 잘 먹고 항상 행복하게 살게 하면 그 책임이 끝나지만 한 나라의 대통령은 백성들이 잘 먹고 잘 입고 걸림 없이 살도록 해줘야하는 것이 지도자가 해야 할 일이다.

그러면 스님은 어떻게 해야 하는가.

자기 마음을 찾아내고 그 힘을 마음대로 쓸 때 우주와 허공계를 눈 깜빡할 시간에 마음대로 하면서 육신통(六神通)을 마음대로 걸림 없이 쓰는 동시에 남에게 다섯 가지를 도와준다.

그 다섯 가지는 경제, 명예, 병 낫는 것, 수명을 늘리는 것과 한 사람도 남기지 아니하고 동물들도 지옥도 천상도 가리지 않으며 한 생명도 남기지 아니하고 다 자기마음을 찾아서 쓰고 일체 어려움이 없도록 노력을 아끼지 않겠다고 원력을 세우는 것이며 이것이 곧 도를 닦는 스님의 원력(願力)이다.

또 결국 그렇게 되어야 하고 한 부처님의 원력이 한 도인의 원력이요 한 공부하는 스님의 원력이다. 이보다 더 큰 일이 있겠는가.

자기 마음을 찾아내서 육신통을 마음대로 쓰는 것

은 물론이고 모든 중생(衆生)을 자재무애(自在無碍)하게 쓸 수 있도록 마지막까지 책임지는 이가 누구냐.

부처님이 지고 있고, 도인이 지고 있고, 애를 써서 공부하는 스님이 지고 있다.

그런 큰 원력을 세워 중요한 일을 하고 있는 스님이기 때문에 거기에 조금이라도 보탬이 되고 인연을 맺기 위해 선방스님들에게 대중공양(大衆供養)을 올리는 것이다.

그리하여 우리 또한 그 인연 따라 스님과 함께 공부하게 되면 어려움을 면할 수 있게 된다.

복 중에 최상(最上)이요 인연(因緣) 중에 최상이다.

부처님이 6년을 고행할 때 다섯 비구가 수발(隨發)을 다했다.

아무것도 먹질 않고 수행(修行)을 하시는데 어느 날 뼈만 앙상한 당신의 몸을 보자니 이건 수행이 아니라고 생각했다.

굶으며 몸을 혹사(酷似)하는 극단적인 것은 수행이 아니라고 깨달으시고 이후엔 고행하시면서 양을 키우는 처녀로부터 젖을 얻어먹으며 건강을 되찾아 참선(參禪)에 들어가셨다.

드디어 6년 만에 확철대오(廓徹大悟)하여 불지(佛地)에 오르셨다.

그런데 그때까지 수발(隨發)하던 다섯 비구는 "싯다르타는 이제 파계(破戒)했다."며 모두 부처님을 떠났다.

그러나 부처님이 정각(正覺)을 얻으신 후 산에서 나왔을 때 제일 먼저 한 일이 다섯 비구를 찾는 일이었다.

드디어 부처님이 그 다섯 비구 앞에 왔을 때 그 다섯 비구는

"저기 파계한 싯다르타가 온다."고 수군거리다 부처님께서 곁에 오시자 그 위엄(威嚴)에 놀라 자신들도 모르게 부처님께 절을 올리게 되었다.

그때 부처님께서

"선재로다. 참으로 착하도다."라고 말씀하시며 그 다섯 비구를 처음으로 제도(制度)하셨다.

그 인연은 어떤 인연인가. 부처님께서 수행하실 때 도와준 인연이다.

자신을 낳아준 부모보다 가족보다도 먼저 그 비구들을 제도하셨다.

그러면 우리는 오늘 날 선방공양(禪房供養)을 십 수 년 다니며 많은 스님들께 공양을 올린다.

철마다 해마다 공양을 올린 스님들이 부지기수(不知其數)인데 그 스님들 가운데 어느 스님 한 분이라도 부처님이 되신다면 그 공양(供養) 올린 공덕(功德)으로 나의 어려움은 모두 사라지고 그리로 끌려가 버린다.

이런 엄청난 인연이 우리 곁엔 항상 같이 상존(常存)하고 있다. 그러나 언제 그 행운이 찾아올지 모른다.

그렇기 때문에 스님들에게 복을 짓고 인연을 맺기 위해 대중공양을 올리는 것이다.

평상시 집에 살아도 복을 전혀 짓지 않는 것은 아니다.

복을 지으면서도 한 쪽으로는 죄도 함께 짓고 있다.

크게 다르지 않지만 그 복들은 먼지가 쌓이듯이

올라가는 복이라 큰 복은 못 된다.

　선방에 와서 공양을 올리고 빨리 도(道)를 이루어
우리도 이끌어주고 다른 모든 사람을 이끌어갈려고
원을 세운다면 이 복을 어디다 비유하랴.

　예전 큰 스님들이 하신 말씀이
"삼합이 청정치 못한 공양은 받지를 말라. "하
셨다.

　이 말은 무슨 말이냐. 사심(私心)을 갖고 올리는
공양은 받지를 말라는 말씀이다.

　그러면 어떤 것을 사심이라 하느냐.

"이 공양을 받으시고 도인(道人)이 되고 부처님이
되어서 모든 중생(衆生)을 제도해 주십시오."
　하고 원하는 마음이면 물질(物質)이든 무엇이든 상
관없다는 말씀이다.

받는 분은 어찌해야 하느냐.

"나는 탐욕(貪慾)을 가지고 이것을 받는 게 아니라 어서 공부하여 일체 어려움에서 벗어나고 모든 중생을 다 제도하기 위해서 이 공양을 받노라."
하고 받을 때, 주는 이의 마음도 아주 청정(淸淨)하며 어디에도 걸림이 없고, 받는 이 마음 또한 어디에도 걸림이 없을 때 그 오고가는 물질 또한 아주 청정하다고 할 수 있다.

그래서 삼합이 청정치 못한 것은 받지를 말라는 말씀이다.

죄는 나를 먼저 속이고 남을 비판하거나 남의 일을 방해하는 것부터 시작이다.

가장 큰 죄는 부모에게 불효하고 부모님을 곤경(困境)에 처하게 하는 것이며 이 세상에서 가장 큰 죄이다.

불법(佛法)을 모르고 절에 가면 큰 죄를 짓는 것이며 부처님께서 가르친 법을 알아야만 큰 죄에 걸려들지 않는다.

그래야만 틀림없이 다음 생에 몸은 원하는 대로 된다.

여담(餘談)이지만 사람에게는 참으로 재미있는 일이 있다.

누구나 한 세상 살다 이승을 떠나면 물질은 모두 버리고 가는 게 원칙이다.

그런데 어느 누가 죽어도 얼마간의 돈은 남아있다.

그렇지만 그 약간의 돈마저 하나도 남기지 아니하고 뻥튀기 하듯 불려서, 떠날 때 가져 가는 도리가 있다.

사람이 죽으면 눈에 보이지 않는 무형계의 마음만 떠나는 것이 아니고 편승(便乘)하여 보이지 않는 것은 모두 따라간다.

그 중에 가장 중요한 것은 복이요, 죄인데 그러나 여기에서 말 하고자하는 것은 복(福)이다.

그 복(福)을 몇 천배 불려 가져갈 수 있는 방법이 있는데 그 방법은 도를 이루어 중생(衆生)을 제도(制度)하기 위해 불철주야(不撤晝夜) 공부하는 분에게 공양(供養)을 올리는 것이다.

그리하면 그 공양 올린 공덕(功德)으로 최소한 몇 천배의 복(福)을 가져갈 수가 있다.

이 이치(理致)는 우주와 허공계가 돌아가는 도리를 깨달아야만 알 수가 있다.

공수래공수거(空手來空手去) 세상사여부운(世上事

如浮雲)이라 했던가.

　빈손으로 왔다가 빈손으로 간다면 얼마나 허망한 일인가! 이 말은 잘못된 말이다.

　올 때도 복과 죄를 가지고 왔고 갈 때도 반드시 복과 죄를 가지고 간다.

　참으로 여러분께 권유(勸諭)하는 바이다.

3장 마음의 세계

3가지를 알고 찾아내 쓰면 우주와 허공계 일체를 눈 깜짝할 시간에 마음대로 할 수 있고 일체 어려움은 없다.

마음의 세계

마음의 힘 네 가지

마음은 보려 해도 볼 수가 없고 손으로 잡으려 해도 잡을 수가 없다.

이와 같이 일체의 형상(形狀)이 없는 관계로 스스로 깨닫지 못할 뿐이지 누구나 다 이 마음을 쓰고 있다.

그래서 이 세계는 허공계이고 이 허공계는 허공(虛空), 바람(風), 전파(電波), 공기(空氣), 원소로 가득 차 있다.

이 허공의 힘은 전 우주를 조금도 요동(搖動) 없이 인력(引力)에 어긋남이 없이 질서(秩序) 있게 운행되도록 유지하며 도와주고 있으며, 바람의 힘은 조그

마한 물질로부터 전 우주까지를 마음대로 부숴버리고 원소(元素)로 돌아가게도 만들며 다시 만들어 내는 힘도 가지고 있다.

전파(電波)는 1초에 지구에서 달까지의 거리를 단숨에 달리는 빠른 속도를 가지고 있으며 모든 생명체의 생각함과 움직임을 빠짐없이 정리하여 기록한다.

누가 보지 않는다고 남을 속인다는 것은 자신을 속이고 남도 속이는 일이다.

이 모든 것을 전파의 기록에 비추면 명경지수(明鏡止水)에 달그림자 비춘 것과도 같다.

공기 또한 우주 안에 존재하는 모든 생명체를 살리는 힘을 가지고 있는데 모든 생명체는 크게 나누어 동물과 식물로 대별한다.

동물은 산소(酸素)를 섭취(攝取)하여 탄소(炭素)를 내뿜고 식물은 동물이 내뿜은 탄소를 취하여 산소를 만들어낸다.

이처럼 상호유기적(相互有機的)인 관계를 지속적으로 유지시켜 이로움을 주는 것을 공기라 하며 자리이타(自利利他)는 바로 공기에서 배워야 한다.

이러한 허공계 전체를 아우르는 존재가 사람이며 사람이 곧 근원(根源)이고 으뜸이며 이 세상 최고의 보배라 할 수 있다.

이러한 사람 마음이 가지고 있는 힘은 그 어떤 무엇보다도 강하다.

그렇지만 이것을 모르고 쓰고 있기 때문에 현재와 같이 겨우 쓰고 있을 정도다.

만약 알고 쓴다면 전 우주와 일체 물질계(物質界)

를 포함하는 허공계를 다 마음대로 사용할 수 있다.

그 힘은 어느 누구나 다 가지고 있는데 단지 그 힘을 찾아 쓰는 방법을 모르다 보니 장애(障碍)에 처했을 때 어찌할 바를 모르고 있을 뿐이다.

부처님께서는 이 모든 것을 깨우쳐 주기 위해 가르침을 세웠는데 그것이 바로 불교(佛敎)이다.

부처님께서는 49년 동안 그것을 가르치셨고, 그 후로도 모든 도인(道人)들이 그것을 깨우쳐 주기 위해 애를 썼으며 모든 스님들도 그것을 깨우쳐 베풀기 위해 공부하며 노력하고 있다.

선방공양은 이처럼 큰 복을 짓는 것이다.

마음의 힘을 활용하는 법 여섯 가지

아미타부처님의 사십팔대원(四十八大願)에서 이르기를 이른바 육신통(六神通)이라 하는데

생각을 내어 오고 가는 법

이른바 신족통(身足通), 또는 여의통(如意通)이라 하여 공간에 걸림이 없이 왕래(往來)하며 그 몸을 마음대로 변화할 수 있는 것을 말한다.

남의 마음을 헤아리는 법

타심통(他心通)이라 하여 사람 뿐 아니라 어떤 중생이라도 생각하는 바를 다 알 수 있는 것을 말한다.

과거를 살펴 미래에 대처하는 법

숙명통(宿命通)이라 하는데 과거는 어떻게 살아왔고 현재는 어떻게 살며 미래는 어떻게 사느냐를 찰

나에 다 살펴본다.

자기 자신뿐 아니라 육도(六途)에 윤회(輪回)하는 모든 중생들의 전생, 금생, 후생의 일을 다 아는 것은 참선을 하여 견성을 해야 얻을 수 있는 것이다.

눈으로 보고 모든 사물을 분별하는 법

천안통(天眼通)이라 하며 멀고 가까운 것과 크고 작은 것에 걸림이 없이 무엇이나, 어디서나 밝게 보며 일체의 걸림 없이 사물의 모든 것을 단숨에 알아챈다.

소심경(小心經 : 법공양할 때 암송하는 경)에 이르기를 "내 몸 가운데는 팔만 털구멍이 있고 그 구멍 하나하나마다 9억의 세균이 살고 있다." 라고 했다.

또한 "찬물 한 방울에 팔만 사천 세균이 들어있다."고도 했다. 이 모든 것을 찰나(刹那)에 알아챘다는 것이다.

이런 눈을 가지고도 우리는 종잇장 하나를 못보고 옷자락 하나를 헤아리지 못하는 어리석음을 가지고 있다.

귀로 듣고 일체를 분별하는 법

천이통(天耳通)이라 하여 멀고 가까운 것과 높고 낮음을 가릴 것 없이 어디서나 무슨 소리나 잘 들으며 많은 부처님이나 선지식(善知識)들의 설법을 듣고 그 모두를 간직할 수 있어야 한다.

모든 일에 마음을 움직여 쓰는 법

누진통(漏盡通)이라 하여 망상(妄想)을 일으켜 자신에 집착(執着)하는 분별(分別)에서 떠나 번뇌(煩惱)와 망상이 완전히 끊어지고 모르는 것 없이 다 아는 것으로 일체 생각을 찰나에 다 움직인다.

육신통(六神通) 중 제 1통에서 제 5통까지는 선정(禪定)에 이르지 못하는 세계인 유루정(有漏定)을 닦는 외도(外道)나 신선(神仙)이나 천인(天人), 귀신(鬼神)들도 얻을 수가 있고 약을 쓰든지 주문을 외워도 될 수 있지만 작은 오신통만을 얻을 수 있다. 그러나 누진통(漏盡通)은 불보살(佛菩薩)만이 얻을 수 있는 것이다.

만약 바른 방법으로 마음을 찾아내어 그 힘을 다 쓸 수 있을 때에는 모든 일에 전보다 빠른 속도로 위의 여섯 가지를 사용할 수 있다.

마음을 찾아 쓰는 법 세 가지

선원(禪院)이란 말은 한자어(漢字語)인데 우리말로 하면 마음을 찾아 내기위해 공부하는 곳이란 말이다.

화두(話頭) 역시 한자어로 우리말로 풀면 마음을 찾아내는 방법이라 하겠다.

화두는 1,700여 공안이 되는데 한 예(例)로 시심마(是心麽) 화두로 들겠다.

화두를 길게 잡는 법

'무엇이 이 몸을 가지고 다니는 고'에서 '고'자에서 알 수 없는 의심(疑心)을 딱 잡아가야 한다.

화두를 중간으로 잡는 법

이것이 무엇인고. 혹은 '이뭣고'에서 언제든지

'고' 자에서 알 수 없는 의심을 잡지 못하면 안 된다.

화두를 짧게 돌리는 법

'고' 자만 잡아 돌려 의심을 돌아가는 걸 짧게 잡는 법이라 한다.

화두를 염(念 : 생각으로만 화두를 되풀이 하고 있는 것)으로 잡든 송(誦 : 소리 내어서 말로만 되풀이 하는 것)으로 잡든 관계없이 의정(疑定)을 몰지 못하면 사구선(死句禪)이라 한다.

만약 염으로 화두를 잡든 송으로 잡든 의정만 돌면 활구선(活句禪)이라 한다.

다시 말하면 사구선은 공부를 할 줄 모른다는 말이고 활구선은 공부를 할 줄 안다는 말이다.

그렇기 때문에 아무리 오랜 세월동안 공부를 해도 식견이나 생기고 변재나 나지 헛수고일 뿐인 것이다.

  그래서 의정을 몰 때 애를 써서 잡는 법, 중간으로 잡는 법, 짧게 의정을 몰아가는 법 이 세 가지를 주의 깊게 살펴야 한다.

  첫째, 애를 써서 의정을 몰다 보면 상기병이 가장 위험한데 상기병이 나면 머리가 아프고 가슴이 답답하고 목과 고개가 아플 수 있다.

  그럴 때는 잠시라도 지체하지 말고 일체 화두와 생각을 다 놓아버리고 단전으로 가만히 호흡을 내리고 내 쉬기를 약 십여 분만 하면 머리가 맑아진다.

  만약 시간을 지체했을 때는 오랜 시간 단전호흡을 해야만 나으므로 이 상기병을 참으로 조심해야 한다.

  둘째, 의정을 중간으로 잡다 보면 상기병이나 어

떠한 병에도 걸리지는 않으나 힘의 소모가 너무 많아 애를 써서 하는 것과는 엄청난 차이가 생긴다.

셋째, 의정을 아주 짧게 잡는 법이 있는데 이는 어려움을 당했을 때 참으로 무서운 병이 기다리고 있다.

그 병은 맑은 혼침병(昏沈病)이라 하여 본인도 모르게 모든 게 돌아가는 법이며 남이 봐도 아주 자세히 봐야 약간이나마 알 수 있는 정도이다.

스스로는 항상 공부하는 것으로 완전히 착각하기 마련이다.

참으로 큰 병이라 그 병을 잡으려고 애를 쓰지 않고는 도저히 될 수 없다.

간화선

사람 마음의 수명은 허공계가 생기기 전에 나와서
허공계가 아무리 변해도 다하지 않는다.
그러나 몸의 수명은 얼마 되지 않는다。

간화선(看話禪)

간화선이란 화두(話頭)를 들고 수행하는 참선법(參禪法)으로 화(話)는 깨달음의 세계를 총체적으로 드러내는 본래의 모습이고, 간(看)은 '본다'는 뜻으로 선(禪)의 공안(公案)을 보고 열심히 공부하여 마침내 대오(大悟)하기에 이르도록 좌선(坐禪)하는 방법이다.

삼처전심(三處傳心)이란 말이 있다.

불교의 조사선(祖師禪)이 교외별전(敎外別傳)되었다는 근거가 되는 설(說)로서 영산회상거염화(靈山會上擧拈花), 다자탑전분반좌(多子塔前分半座), 이련하반곽시쌍부(泥連河畔槨示雙趺)를 말한다.

영산회상거염화(靈山會上擧拈花)

부처님께서 꽃을 들어 보이니 가섭이 미소를 지었다는 송(宋)나라 오명(悟明)이 편찬한 전등회요(傳燈

會要)에 근거를 둔 것으로 정법안장(正法眼藏)과 열반묘심(涅槃妙心)을 마하가섭에게 부촉함을 말한다.

다자탑전분반좌(多子塔前分半座)

아함경(阿含經) 중본기경(中本起經)의 대가섭품(大迦葉品)에 근거를 두고 있는데 석가모니 부처님께서 사위국 급고독원에서 대중을 위하여 설법(說法)할 때 마하가섭이 뒤늦게 당도하자 부처님께서 당신이 앉으셨던 자리를 비켜 앉으시니 가섭이 그 자리에 앉았다.

이련하반곽시쌍부(泥連河畔槨示雙趺)

대반열반경(大般涅槃經) 다비품(茶毘品)에 근거한 것으로, 부처님께서 열반에 들어 입관(入棺)된 뒤 멀리서 온 가섭존자가 이를 슬퍼하며 울자 석가가 두 발을 관 밖으로 내놓으며 광명을 비추었다는 것이다.

이심전심의 법을 가섭존자에게 전했던 부처님의 마음을 간화선의 뿌리로 보며 선종에서는 이들 삼처전심을 교외별전의 유일한 근거라 하여 매우 중요시하였다.

경전 밖에 따로 문자를 전하지 않는다는 불립문자(不立文字), 교외별전(教外別傳)의 가르침은 중도(中道), 연기(緣起)와 긴밀한 연관을 가지고 있다.

이는 선(禪)이 손가락이 아니라 달을 보는 수행임을 명확히 하는 것이다.

이러한 가르침은 조사선(祖師禪)의 전통 속에서 형성되었으며, 그 어떤 수행법 보다 가장 빠르게 단도직입적(單刀直入的)으로 마음 본자리를 밝히는 길이다.

선가귀감(禪家龜鑑)에서
"세존이 삼처전심한 것이 선지(禪旨)가 되고, 일

대교설이 교문(敎門)이 되었다."고 선언하였다.

이후 중국에 와서 임제종(臨濟宗)에서 주창한 간화선은 송나라 말기의 대혜(大慧) 선사에 이르러 번성하였다.

그는 묵조선(默照禪)과 이전의 선행(禪行)에 비판을 가하고 간화선을 주창했으며 이를 조주(趙州)의 '무(無)'자 화두를 통해 가르쳤다.

한국의 선(禪)의 맥락은 대혜의 간화선을 받아들인 고려의 지눌(知訥)에게서 그 원류를 찾을 수 있다.

우리가 잘 알고 있는 서장(書狀)은 대혜 스님과 재가자들의 상황별 선문답을 통해 전형적인 생활선의 모습을 보여주고 있다.

특히 당시 엘리트 지식인들이 생활 속에서 불교수행을 하며 궁금했던 것을 질문하고 대혜 스님이 답을 주셨다는 점에서 서장이 시사하는 바가 크다.

달리 말하면 당시 재가자들의 선수행의 열기나 수준이 상당히 높았다는 방증(傍證)이며 서장은 재가선(在家禪)의 활성화, 생활선(生活禪)의 토대를 마련했다고 볼 수 있다.

그런데 지금 우리나라로 이어 온 참선법은 그 화두를 받아서 들고 공부를 하는 데 1,700여 공안이나 되니까 다 말 할 수는 없고, 하나만 예를 들자면 어느 수행자가 조사스님에게 가서 예를 올리니까 "뭣이 그 몸뚱이를 가지고 여기까지 왔는고!" 라고 묻는다.

쉽게 말하면 태어나서 지금까지 그 몸뚱이를 마음대로 가지고 움직였는데 뭣이 가지고 여기까지 왔느냐고 묻는데 그 말에 수행자는 딱 막혀버린다.

오기는 왔는데 생각을 내어 오기는 왔는데 뭣이

온 줄은 모르는 것이다.

그걸 알면 대답을 하겠는데 거기서 막혀버린다.

그 순간 그 알 수 없는 의심을 가지고 몰아붙인다.
"뭣이 이 몸을 가지고 다니는고!"

무엇이 이 몸을 가지고 움직이기는 움직이는데 그
것의 실체를 알 수 없다. 찾아내려는 생각을 딱 잡
아서 몰아 붙인다.

이것을 의심, 의정이라고도 하는데 혹은 관찰(觀
察)이라고도 한다.

알 수 없는 그 무엇을 찾아내려는 생각이 하나로
모여 있는 상태를 말한다.

그래서 처음에 공부를 해 보면 잘 안 되어도 그 의
심을 잡아서 놓치지 않으려고 있는 힘을 다해 정진

하면 어느 순간 한 경계가 훌쩍 넘어가는데 그때야 스스로에게 웃으며 '이렇게 하면 될 것을 어떻게 공부했기에 그런 어려움을 당했나!' 하고 스스로 깨달을 때가 있다.

이제 그 경계를 넘으면 모든 생각이 달라져 비로소 공부의 힘을 얻는다.

공부하는 방법을 터득했다는 것이다.
그러나 공부하는 과정도 여섯 가지의 나타남이 있다.

그 여섯 가지를 모르고 공부한다면 거의 다 중간에 다른 곳으로 빠져버린다.

간화선의 여섯 가지 수행 과정

첫째, 먼저 의심을 딱 잡아 몰아서 힘을 얻는 것이다.

둘째, 공부를 시작하여 도인이 되는 데까지를 말한다.

힘을 얻어 죽기를 각오하고 공부하면 결국 동정일여(動靜一如)가 된다.

① 동정일여(動靜一如)란 앉으나 서나 가나 누우나 깨어있을 때나 잠이 들었을 때나 한결같이 의정이 끊어짐이 없이 화두에 몰입하고 있는 상태를 말한다. 그 다음,

② 몽중일여(夢中一如)라 하여 항상 꿈에도 의정이 끊어짐이 없어 그 의심덩어리를 잡고 몰아붙인다.

동정일여가 계속 유지되면 꿈속에서도 깨어 있을 때와 마찬가지로 삼매(三昧)가 유지된다. 이것을 몽중일여라고 한다. 또 이 단계를 넘어서면,

③ 숙면일여(熟眠一如)의 단계이며 깊은 잠에서도 의정을 떠나지 않는 단계이다.

오매일여(寤寐一如)라고도 하며 즉 깨어 있거나 잠에 빠져있거나 항시 삼매가 유지된다는 뜻이다.

이 오매일여의 단계를 불퇴전(不退轉)의 경지라고 하는데, 다시는 보통사람의 삶으로 퇴전되지 않는다는 뜻이다. 여기에서 한 단계를 더 넘어가면,

④ 성성적적(惺惺寂寂)이라 하는데 이 말은 뚜렷하게 화두의 의심을 들고 있지만 천지가 무너지는 소리가 나도 추호의 흔들림도 없이 고요함을 지키는 것을 말한다.

이 자리를 놓고 달마 스님이 혈맥론(血脈論)에서 하신 말씀이

"심여장벽가이입도(心如墻壁可以入道)다."라 했다.

그러면 그 단계를 훨씬 넘으면 무엇인가.

⑤ 백척간두진일보(百尺竿頭進一步), 벼랑 끝에서 한 걸음 더 나아가라는 뜻이다.

죽을 힘을 다해 공부를 몰아붙여 힘을 다하면 결국 확철대오(廓徹大悟)한다.

⑥ 확철대오(廓徹大悟)란 말은 무슨 말인가.
그 자리를 비로소 견성했다. '참 도인이 됐다' 라고 한다.
다른 말로는 내외명찰(內外明察)이라고도 한다.

그러면 어떤 결과가 나오느냐. 바로 육신통을 걸림 없이 쓸 수 있어야 한다.

확철대오하기 전엔 어떤 조그마한 신통(神通)이 나오면 그것은 경계(警戒)해야 되지만 확철대오한 후엔 의무적으로 육신통이 나와야 한다.

혹 확철대오한 것 같은데 육신통이 나오지 않을 때는 스스로 공부해온 과정을 점검해 보기 바란다.

이 여섯 가지 과정을 확실히 알고 죽을 힘을 다 한다면 절대로 딴 데로 빠지지는 않는다.

셋째, 화두에 의심을 잡아서 몰아붙이다가 힘이 조금 부치면 알 수 없는 간절한 의심을 살짝 놓쳤는데도 뭘 하나 딱 잡고 있는 것을 깨닫게 된다.

다시 말하면 공부를 하는 과정에서 혹시나 '이뭣고'를 잡다가 '이' 하고 잡고 있든지 '고' 하고 잡고 머물러 있든지 또는 어느 경계가 살짝 지나가면서 갑자기 머리에 그 무엇이 나타나는 순간 이것을 놓치지 않으려고 전전긍긍하든지 등등 여러 가지가

있는데 이것을 이름 하여 관법(觀法)으로 빠져 버린
다고 한다.

딱 하나 잡고 고요하게 있어도 경계는 쉴 새 없이
바뀌며 나타나니 어리석게도 공부를 제대로 한 줄
로 알고 착각(錯覺)하여 거기서 나오지 못한다.

의심을 잡아들이다가 관법으로 빠지지 않도록 단
단히 조심해야 한다.

이를 아는 이는 그가 관법에 빠진 것을 알지만 본
인은 공부를 바로 한 줄로 알고 집착에 빠지면 누가
뭐라 해도 듣지 않기 때문에 가장 위험한 것이다.

넷째, 간절한 의심을 잡아 몰아 붙여 나아가다 조
금씩 살짝 빠져버리면 자기도 모르는 사이에 혼침
삼매(昏沈三昧)로 들어가 버린다.

스스로는 자고 있지만 자고 있는 줄을 모르며 그

런데도 자신은 선정(禪定)에 들었다고 말한다.

남이 보면 분명 자고 있는데 스스로는 선정에 들었다는 것은 그것 또한 집착(執着)이다.

그래서 참선을 시작할 때는 어떻게든 절대 졸지 않도록 수마(睡魔)로부터 항복을 받아야 된다.

자기도 모르는 사이에 처음엔 조금씩 졸다가 나중엔 그냥 통잠을 자면서도 공부는 잘한다고 한다.

하기야 지금까지의 공부가 어느 경계까지는 왔고 힘이 생긴 뒤니까 혼침삼매에 빠져 들어가 그 자리에 그대로 머무는 것이라 편안하게 시간가는 줄 모르고 있는 것이다.

이럴 경우 혼침삼매에 들었다는 자체가 어리석은 일이다.

삼매는 무슨 삼매, 졸음에 빠진 것이다. 그러나 거기서도 경계는 나온다.

그러하니 무엇이 달라지고 알아지고 하는 경계가 나오니까 역시 거기에 집착해 버리면 어느 누가 애길 해도 소용이 없다. 듣지 않는 것이다.

이러한 경계를 미리 알고 정진한다면 정신을 바짝 차릴 수 있지만 모르고 빠져 들어가는 데는 도리가 없다.

아예 나올 생각을 하지 않는다는 이야기다. 참 무서운 자리다.

다섯째, 공부를 하다 보면 혼침에 빠졌든 관법에 빠졌든 어디에 빠졌든 경계가 나오는데 제일 쉬운 게 환상(幻想)이다.

남은 아무 것도 보이지 않는데 본인에게만 무엇인

가 훤히 나타나는 경우가 있다.

또 몸이 공중부양(空中浮揚) 한다든지 여러 가지로 환상이 나타난다. 이래가지고 큰소리를 치며 뭔가 아는 듯이 자신을 과시한다.

이럴 경우엔 참 공부가 된 어떤 단계를 넘은 사람이 아니면 그것을 잡아 줄 수가 없다.

"네가 화두에 의심을 놓치지 않고 잡고 있느냐." 고 물어보면 그런 것은 없다. 이미 떠난 것이다.

화두의 의심은 간 곳도 없고 그저 환상에 팔려 놀아난 결과다.

다른 경우로 꼭 도인이 되고 싶어 간절히 애를 쓰며 몸부림치다 보면 과거에 도인이 되려다 못 되고 엉뚱한 길로 빠져버린 죽은 귀신이 붙는 수도 있다.

그 귀신이 빙의(憑依)되면 말로는 당할 수가 없다. 청산유수(靑山流水)다.

귀신 중에서도 가장 똑똑한 귀신이니까 모든 것에 훤하여 아는 소리를 하고 큰소리를 치는데 이런 경우엔 견성(見性)을 했다고 스스로 한껏 뽐낸다.

자신을 망치는 줄도 모르고 우쭐대는 그 꼴은 참으로 어리석다.

한낱 무당도 삿된 귀신에 들려 점을 치고 아는 소리를 하면 고관대작도 그 앞에 가면 설설 기는데 하물며 수행 중에 붙은 귀신은 귀신 중에도 최고의 귀신이라 모르는 이가 볼 때는 전부 도인이고 그 앞에서는 모두 다 엎드려 조아리게 된다.

누구나 모두 수행 중에 이런 현상이 다 나타나는 것은 아니지만 경계해야 할 일 중에 하나이다.

그 다음 알음알이가 생기는데 생각만 하면 척척 아는 소리를 한다.

이것은 관법을 하든지, 의정을 제대로 보든지, 혼침에 빠지든지 또는 염불삼매(念佛三昧)에 빠지든지 모두 가능하다. 하물며 외도들도 가능하다.

또 식견(識見)이라고 있다. 식견은 무엇을 생각만 하면 훤히 알게 되어 오늘 무슨 일이 있겠고, 저 사람은 어떤 경우에 처했구나! 등등 모든 사물을 손바닥 보듯이 알게 된다.

이 단계를 넘어서면 식광(識光)이 나는데 길을 가다 무덤을 보면 이 무덤은 어디 사는 어떤 사람의 몇 대 조부 묘라고 바로 아는 소리를 하기도 하고 지나가는 사람을 보고 저 사람은 어디를 가고 무슨 일로 가는지 그 일이 될지 안 될지를 훤히 안다고도 한다.

그냥 저절로 나오게 된다. 이것을 식광이라 한다.

여기까지는 수행이 웬만하면 다 나오는 자리다. 이런 것을 참으로 조심해야 한다.

이런 경계가 왔을 때 화두에 의심을 잡고 있는 힘을 다해 몰아 붙였는가 아니면 놓쳤는가를 항상 점검해야 한다.

그 다음 변재(辯才)가 나온다. 변재가 오면 모든 하는 말이 청산유수처럼 줄줄 나온다.

하다못해 말을 해서 먹고 사는 강사나 교수나 누구나 입으로 노력하는 사람들은 변재가 안 나오면 말하기가 힘든다.

변재가 나와야 힘이 있는 사람은 힘이 있는 말을 하고 힘이 없는 사람은 힘이 없는 말을 해도 무슨 말을 갖다 붙여도 잘 갖다 붙인다.

다음, 이 단계 위는 지견(知見)이라고 하는데 말로는 당하기 어렵다. 말로는 그 사람을 휘어잡기가 쉽지 않다.

이 정도가 되면 도인이 다 되었다고 큰소리를 치고 다니는데 정말로 큰일이다.

이것은 동정일여 전에 다 나오는 것이고 진로(進路)를 모르고 공부를 하면 이 경계가 나타났을 때 거의 다 속아 떨어진다.

지견도 경우에 따라서는 차이가 있다. 그 단계는 외도에게도 나오는데 외도도 이 단계를 넘어서면 공 도리에 들어간다.

그러나 참선하는 분은 그래서는 안 된다. 지견까지는 가능하나 공도리에 들어가서는 안 된다.

공도리에 들어간다는 것은 이미 화두의 의심은 놓

친 상태이며 일체가 호화찬란(豪華燦爛)해져 아무것
도 걸림이 없어지게 된다.

 이런 상태에서는 외도도 생(生)을 자재하는 것은
아니지만 사(死)는 자재하게 된다.

 옛날에 그런 이야기가 있다.
 외도가 공도리에 떨어져서 집착하고 있는 것을 보
고 어느 사미승이 아니라고 망신을 주니까 향 하나
꽂아 놓고
 "이 향 다 타기 전에 가겠다. 이런 창피를 당하며
더는 이 세상에 못 있겠다."고 하고는 그 향이 다
타기 전에 몸뚱이만 놔두고 가버렸다는 이야기가
있다. 그래서 참으로 조심해야 한다.

 이 단계를 넘으면 외도 또한 죽을 힘을 다해야 한
다. 이 단계를 뛰어야만 외도도 오신통(五神通)이 나
온다.

오신통은 부처님의 육신통에는 비할 바가 못 되지만 외도의 오신통은 일반 사람들은 거기에 대항할 수가 없다.

그런 정도이니 외도에게 따라붙어 공부하는 사람들이 많다보니 자연히 엄청난 제자들을 거느리고 있다. 이 경계에 절대 속아서는 안 된다.

이런 경계에 떨어져 망치려고 참선하는 것이 아니고 도인되려고, 부처가 되려고 공부하는 것이다. 그러나 모르면 이 경계에서 벗어나기가 쉽지 않다.

여섯 번째, 공부를 하는 데는 간화선(看話禪)이 있고 의리선(義理禪)이 있다.

간화선은 앞에서 말했듯이 그 과정을 정확하게 노력하여 확철대오를 했으면 그것으로 끝난다. 화두 하나 타파하면 그것으로 끝이 난 것이다.

그러면 육신통이 나와 마음대로 쓰고 그때야 보림에 들어가서 불지에 오르기 위해 노력하는 것이다.

보림이란 복과 지혜가 함께 오르도록 노력해야 하며 많은 인연을 맺어야 한다.

의리선(義理禪)은 알음알이로 1,700여 공안을 전부 알아 맞히어 큰소리를 치는 사람이다.

그런데 참으로 조심할 게 있다. 죽기를 작정하고 화두에 의심을 몰아붙여 애를 쓰다가 동정일여가 된 뒤에, 몽중일여가 된 뒤에, 오매일여가 되기 전에 또는 된 후에도 화두를 타파하는 경계가 나타나는 수가 있다.

"아! 드디어 화두를 타파했구나, 모든 것을 알겠구나." 하고는 확철대오한 도인이라고 떠들지만 그 도인은 일체가 마음대로 되지 않는다.

생사도 마음대로 안 되고 병고도 마음대로 안 되니 다른 어떤 화두를 잡아도 이내 막혀버린다.

그래서 다시 공부를 하여 그 하나를 해결하곤 하지만 자기도 모르는 사이에 의리선에 떨어져 버린다.

그런데 간화선을 하는 분도 자칫 잘못하면 거기에 빠져버린다.

그곳에 집착하여 나오려고 하지를 않으며 그것이 옳다는 것이다. 옳다고 주장을 하니 어쩔 수가 없는 것이다.

하나를 알면 다 알아야 하는 것이고 하나를 모르면 다 몰라야 되는 것이다.

간화선에서는 진로를 알고 공부를 하면 모두를 이루게 되어있다.

진로를 모르고 공부를 하면 이 경계에서 도인이
된 줄 알고 어긋난 길로 접어들게 된다.

앞에서도 말했지만 간화선과 의리선을 잘 구분하
여야 하며 간화선을 하다 의리선에 떨어지지 않도
록 조심해야 한다.

참선하는 법은 위의 방법대로 전력을 다해 공부해
야 하며 전력을 다 하지 못했을 때는 시간은 더 들
지언정 절대적으로 잘못될 일은 없다.

그러나 이 여섯 가지를 모르고 섣불리 공부를 하
다가는 언제 어디로 떨어져서 스스로의 집착에 빠
질지 모르니까 조심하고 또 조심해야 한다.

참고로 선법(禪法)에 대하여 짧게나마 밝혀둘 게
있다.

대개 이종선(二種禪)이니 삼종선(三種禪)이니 하는

말은 조선(朝鮮) 후기의 두 고승 백파긍선(白坡亘璇 : 1767~1852)과 초의의순(草衣意詢 : 1786~1866) 사이에 벌어진 선(禪) 수행을 둘러싼 논변(論辯)이다.

이종선은 조사선(祖師禪)과 여래선(如來禪)을 말하고 삼종선은 조사선과 여래선, 의리선(義理禪)을 말한다.

조사선이란 일체의 언어 분별을 떠난 선이고, 여래선이란 분별이 남아있는 선이며, 의리선이란 언어에 의지한 선이다.

논쟁의 시작은 1811년 영귀산(靈龜山) 소림굴(少林窟)의 백파긍선이 선문수경(禪門手鏡)을 짓자 이에 대해 두륜산(頭輪山) 대흥사(大興寺)의 초의의순이 선문사변만어(禪門四辨漫語)를 지어 긍선의 글을 논박한 데서 비롯되었다.

이후 이 논쟁은 약 100여년에 걸쳐 호남지역을

중심으로 두 선사(禪師)들의 제자들에 의해 계속되었다.

긍선은 불교의 궁극적 목표인 깨달음을 얻기 위한 지침서로서 선문수경을 짓는다.

그는 이 책에서 중국의 임제(臨濟 : ~867)가 제자들을 가르치기 위한 방편으로 개발한 삼구(三句)를 기준으로 선불교(禪佛教)의 중요 개념들을 논구(論究)한다.

그는 제 일구에서 깨쳐 부처와 조사의 스승이 되는 것을 조사선으로 해석하였고, 제 이구에서 깨쳐 인간계(人間界)와 천상계(天上界)의 스승이 되는 것을 여래선으로 간주하였으며, 제 삼구에서 깨쳐 제 자신도 구하지 못하는 것을 의리선이라고 하였다.

그에 따르면 여래선은 중근기의 중생을 위한 것이며 이에 반해서 조사선은 진공묘유(眞空妙有)를 체

득하는 것이므로 상근기의 중생을 위한 것이라고 하였다.

결국 그는 언어에 얽매이지 않고 인간과 인식 대상의 참모습을 있는 그대로 이해하는 것이 가장 바람직한 경지라고 생각했다.

그렇기 때문에 그는 임제(臨濟) 삼구(三句)를 모든 불교의 가르침을 해석하기 위한 절대적 진리라고 간주하여, 이 삼구가 선(禪)과 교(敎)를 포함한 모든 불교 가르침의 핵심(核心)을 다 포함한다고 주장하고 있는 것이다.

의순은 선문사변만어를 저술하여, 부처와 조사는 상근기의 수행자를 말과 글로써 대하지 않는다고 하면서, 긍선이 말과 글로써 상근기를 해석한 것을 비판하였다.

의순은 또 임제 삼구가 긍선의 경우처럼 그렇게

구별될 수도 없는 것이기 때문에 교학이든 선학이든 불조(佛祖)가 남긴 언구(言句)는 모두 기용(機用)의 표현이므로 문장에 얽매이고 글귀에 집착하여 뜻을 잃어서는 안 된다는 논지(論旨)로써 긍선을 비판했던 것이다.

긍선과 달리 의순은 선을 이종선으로 구분하였다.

여래선과 의리선은 하나이고, 조사선과 격외선은 하나인데, 이름으로 보면 조사선과 여래선이며, 가르침으로 보면 격외선과 의리선이라는 것이다.

그는 격외선·조사선은 언어를 넘어선 선이며, 의리선·여래선은 언어 속의 선이라고 말했다.

조사선과 여래선을 근기의 우열관계(優劣關係)로 파악하지 않고, 문자(文字)를 떠난 입장의 조사선과 교리학적 입장의 여래선을 말하는데 의순의 특징이 있다.

결국 의순은 선은 부처의 마음이며 교는 부처의 말씀이기 때문에 마음을 깨달아 말에 얽매이지 않게 되면 교(教)가 선(禪)이 되고, 언어에 집착하여 마음이 미혹되면 선이 교가 됨을 말하였다.

그리하여 그는 말에 따라 견해를 내지 말고 단박에 마음을 깨달아 얻는 것이 중요함을 강조한다.

주지하듯이 긍선의 주장에는 교종에 비해 선종의 우월함과 임제종 계통이 최상의 선(禪)임을 밝히려는 의도(意圖)가 들어있다고 할 수 있다.

의순은 정확한 근거도 없이, 긍선이 임제 삼구를 진리로 받아들이는 것을 비판한 것이다.

이상으로 조선조 후기 두 고승(高僧)의 논쟁을 약간이나마 살펴보았다.

공부하는 사람은 섣불리 공부를 하다가는 언제 어

디로 빠질지 모르니까 항상 조심하여 경계를 늦추지 않아야 한다.

근본적으로 사람은 생각을 낸 대로만 이루어질 수 있다. 화두참구를 할 때 의정이라는 것은 중국말이다. 한국말로 하면 알 수 없는 마음자리를 찾아내려는 생각을 가져야만 딱 찾아내서 쓸 수 있다. 이것을 확철대오라고 한다.

(부처님 당시에도 말씀하시기를, 아무리 내가 가르쳐 주어도 본인이 노력하지 않으면 아무런 덕이 없고 다음 어느 생에라도 내가 가르친 대로 실천만 하면 다 부처님이 된다고 말씀하셨다. 공부하는 이들은 잊지 않고 꼭 명심하기 바란다.)

모든 조사스님네들이 하신 말씀이 대신심과 대분심과 대의정이라야 확철대오한다고 말씀하셨다. 참고하기 바란다.

편집후기

선종사(禪宗史)를 보면 일류 지식인들이 일거(一擧)에 깨친 예가 너무 많다.

무식(無識)한 사람이 사량분별(思量分別)이 쉬는 무심(無心)의 경지에 더 쉽게 이른다는 증거는 찾아보기 어렵다.

혜능(慧能 : 638~713)이 과연 무식했는지도 의문이지만 그가 무식(無識)했기 때문에 견성(見性)하기 쉬웠다고 볼 수는 없다.

무식한 사람이 망상이 더 적은 것은 결코 아니며, 그 반대라는 것이 상식에 가깝다.

오히려 왜 사량분별(思量分別)을 쉬어야 하며, 어떻게 쉴 수 있는지를 아는 사람이 깨침에 이를 가능성이 클 것이다.

목적지와 그곳에 이르는 과정에 관한 정확한 지침(指針)을 활용하는 사람이 목적지에 도달할 가능성이 큰 것과 같다.

선을 생활화 하려면 순간의 깨달음을 강조하기 이전에 그것을 위해 어떤 준비를 해야 할 것인가에 더 많은 관심을 기울여야 한다.

선은 체험인 동시에 체험에 이르는 과정을 포함해야 하기 때문이다.

그것을 선의 방법론(方法論), 또는 선수행지침론(禪修行指針論)이라고 부를 수 있을 것이다.

현실적이고 구체적인 수행론은 선이 신비의 영역에서 해방되어 일상성을 회복하는 데에도 도움이 될 것이다.

선수행지침론은 어떻게, 왜, 간화(看話)를 해야 하나 하는 물음에 대한 체계적이고 구체적인 대답을 포함해야 한다.

단적인 예를 든다면 선 수행에 앞서 반드시 알고 있어야 할 몸과 마음과 말의 원리에 대한 객관적인 이론체계가 제대로 정비되지 않아서 심신에 장애가 생기는 경우가 적지 않다는 것을 잘 모르고 있다.

본 수행지침서는 이러한 장애를 걷어내는데 그치지 않고 효

과적인 수행이 될 수 있도록 적극적인 역할도 할 수 있을 것
이다.

그러나 선(禪)의 교학(敎學)을 정립하는 것 자체가 실천수행
의 성과를 약속하는 것은 아니다.

지도(指導)가 아무리 자상해도 어떤 이유에서든 몸소 발걸음
을 옮기지 않으면 소용이 없는 것과 같다.

따라서 마지막으로 확인해야 할 것은 선이 과연 모든 대중들
에게 적합한 수행의 길이 될 수 있는가이다.

결론적(結論的)으로 말해서 그 답은 아주 힘이 든다.

출가 수행자들은 몰라도 가정과 직장을 가진 생활인에게는
힘든 수행일 수가 있다.

그것은 화두참구(話頭參究)와 일상적인 삶이 양립(兩立)할
수 없어서가 아니다.

화두의 의정이 성성한 가운데에서도 일상적인 모든 행위에
전혀 문제가 없어야 비로소 화두삼매에 들었다고 할 수 있기
때문이다.

문제는 그 정도 경지에 이르기까지 일상인에게 요구되는 것

은 노력과 시간이다.

어느 정도까지는 일상생활을 희생하지 않을 수 없는 것이다.

최상승법(最上乘法)을 위해 사소한 일상사는 접어두라고 하면 할 말이 없지만 모든 삶이 똑같이 중요하다는 것은 선(禪)도 부정하지 않는 바이다.

본 수행지침서가 선 수행과정에 있어 보탬이 된다면 그가 곧 큰스님의 뜻을 이어받음이라. 이심전심으로 선수행의 가르침을 입증하게 된 것이다.

효산(曉山) 선사님은 전남 순창군 복흥면 서마리에서 출생하여 13세 동진출가하게 되며 본관은 경주(慶州)이며 부는 이상근(李相根) 모는 설덕순(薛德順) 사이의 3남이시다.

15세부터 2년여에 걸친 참 종교에 대한 끝없는 탐구욕에 의해 천주교, 기독교, 원불교, 유교 등 제종교(諸宗敎)를 두루 섭렵하며 치열한 성찰 끝에 부처님의 가르침인 간화선법만이 최상의 법임을 깨닫는다.

17세부터 해인사, 범어사 등 제방선원(諸方禪院)을 두루 다니며 참구정진(參究精進)에 힘써왔으며 40여년 용맹정진 끝에 큰 깨달음을 얻어 본 수행지침서의 틀을 정립하시고 책으로 출판(出版)하게 되었다.

은사스님은 윤고암 스님이시다.

불기 2552년 봄

효산선원

효산선원 수행 지침서

초 판 발 행 / 2006년 4월 5일
개정판발행 / 2008년 4월 10일

발행인 / 효산 스님
발행처 / 효산선원
주   소 / 부산광역시 부산진구 연지동 322번지 한신타워 101동 502호
전   화 / 051)816-7741

펴낸이 / 이태호
펴낸곳 / 클리어마인드_(주)지오비스
주   소 / 서울시 종로구 수송동 58 두산위브파빌리온 736호
전   화 / 02)2198-5151

ISBN 978-89-958772-8-9 03220
저작권자와 맺은 특약에 따라 인지를 생략합니다.

정가 10,000원